ILLUSTRATIONS POUR LES POÈMES

DE

HENRI DE RÉGNIER

ILLUSTRATIONS
POUR LES
POÈMES
DE
HENRI DE RÉGNIER

DE L'ACADÉMIE FRANÇAISE

D'après les Dessins, Lithographies et Gravures sur bois

de

HONORÉ BROUTELLE

(1ʳᵉ SÉRIE DE 10 PLANCHES)

PARIS

IMPRIMERIE FRAZIER-SOYE

168, BOULEVARD DU MONTPARNASSE

1918

Il a été tiré de cette suite de gravures

500 exemplaires numérotés

et paraphés par l'Artiste.

N° 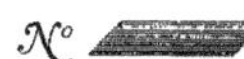

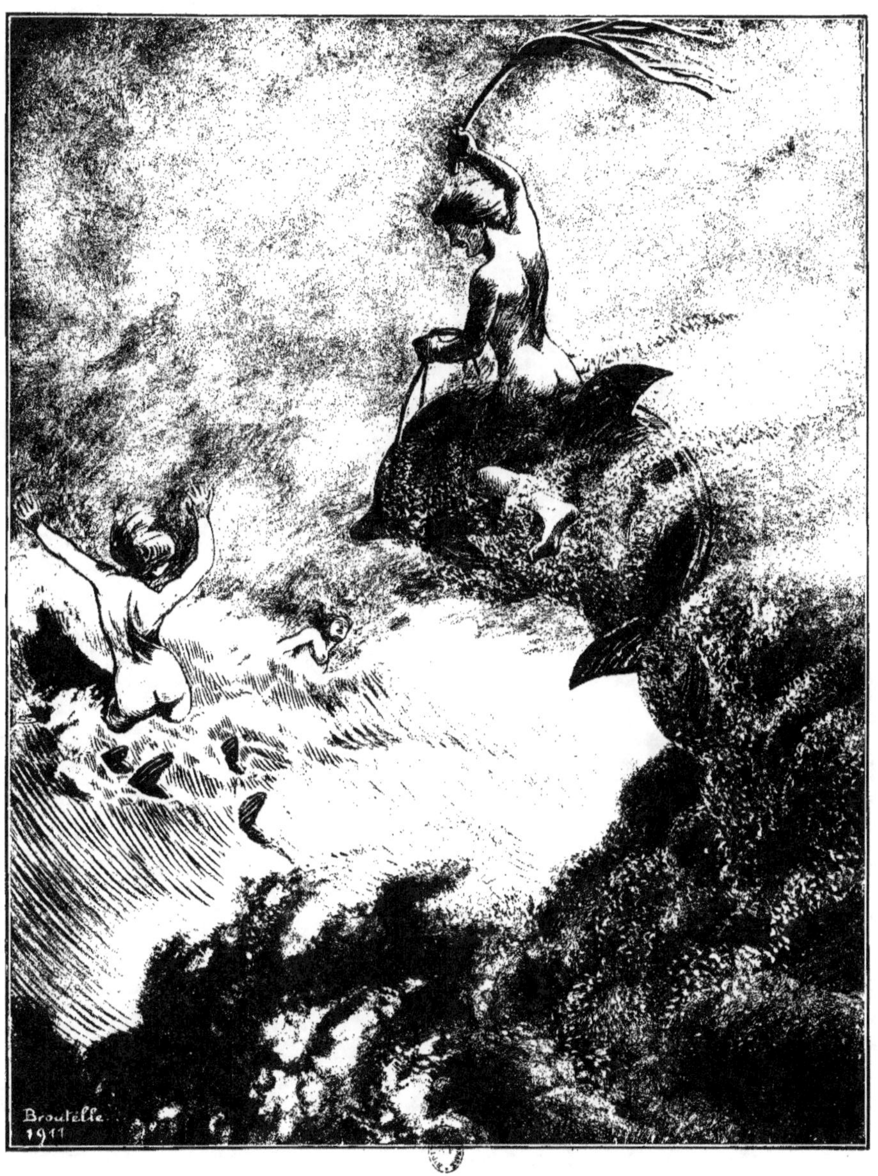

Le Chasseur de Sirènes

> .   .   .   . *Parmi les grands flots forcenés*
> *J'ai cabré le saut vif des Dauphins talonnés,*
> *Et des algues j'ai fait de longs fouets et des rênes,*
> *Et sur la lame j'ai poursuivi les Sirènes.*
>
> (H. DE RÉGNIER, Les Roseaux de la Flûte.)

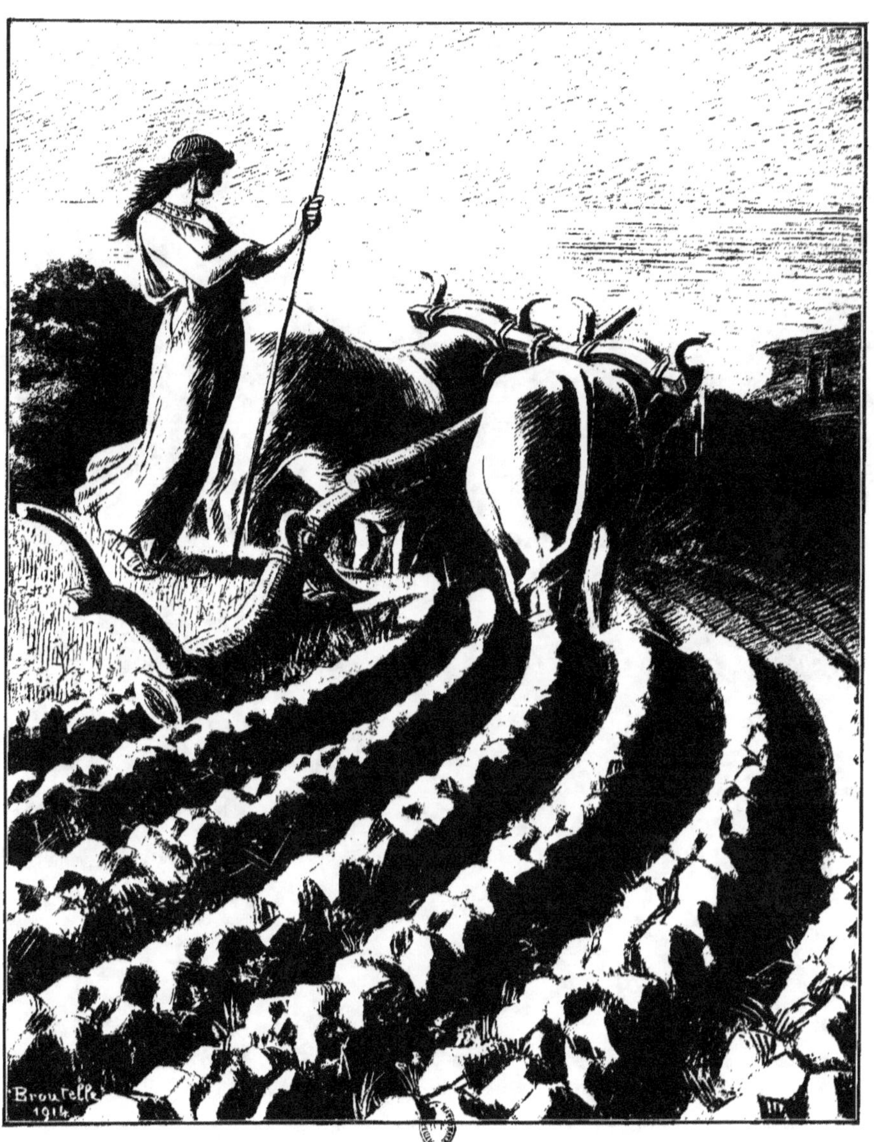

La Laboureuse

Et toi, tu songes, appuyée à l'aiguillon,

. . . . .

Tu songes, et tes bœufs meuglent vers le ciel clair.

(H. DE REGNIER, Aréthuse.)

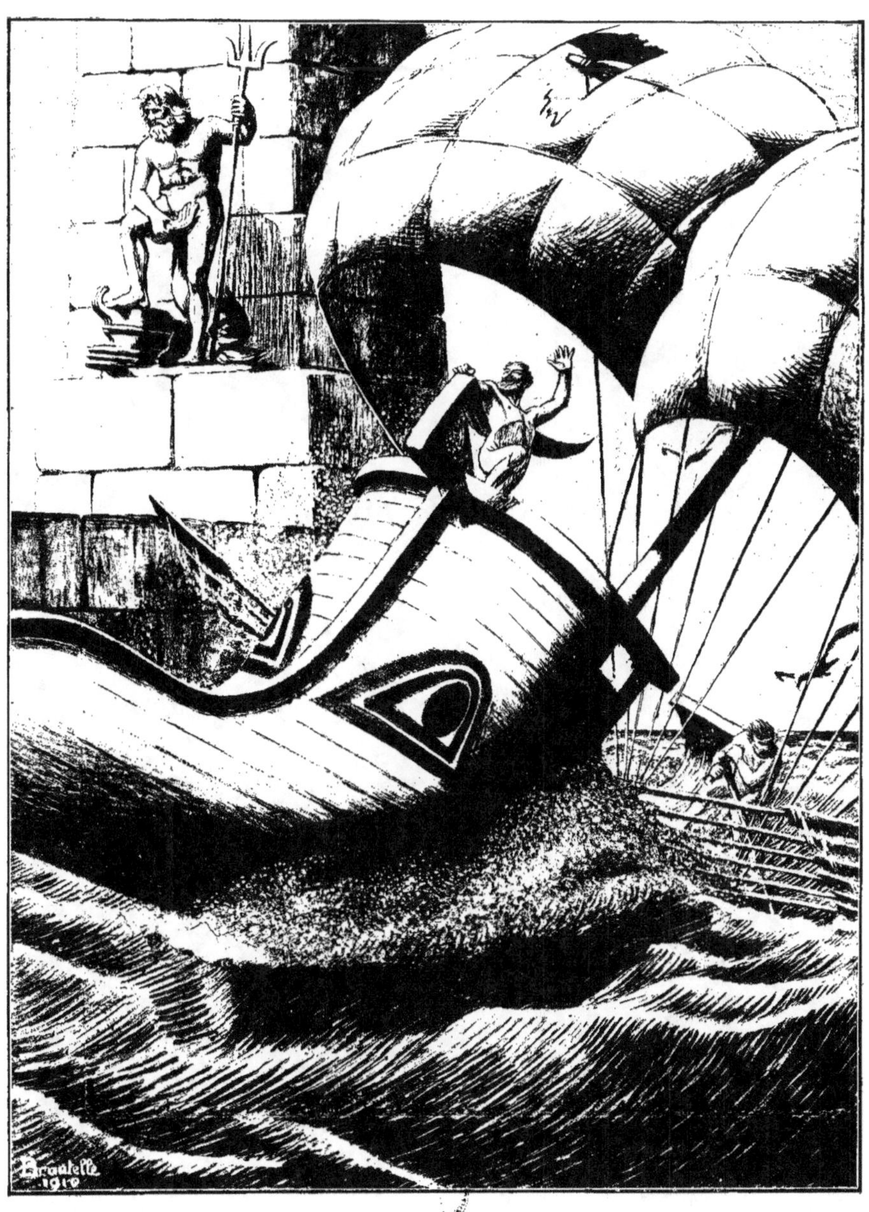

La Porte sur la Mer

Et j'entrerai brûlé de soleil et de joie,
Carène qui se cabre et vergue qui s'éploie,
Avec les grands oiseaux d'or pâle et d'argent clair,
J'entrerai par la Porte ouverte sur la Mer!
(H. DE RÉGNIER, Les Treize Portes de la Ville.)

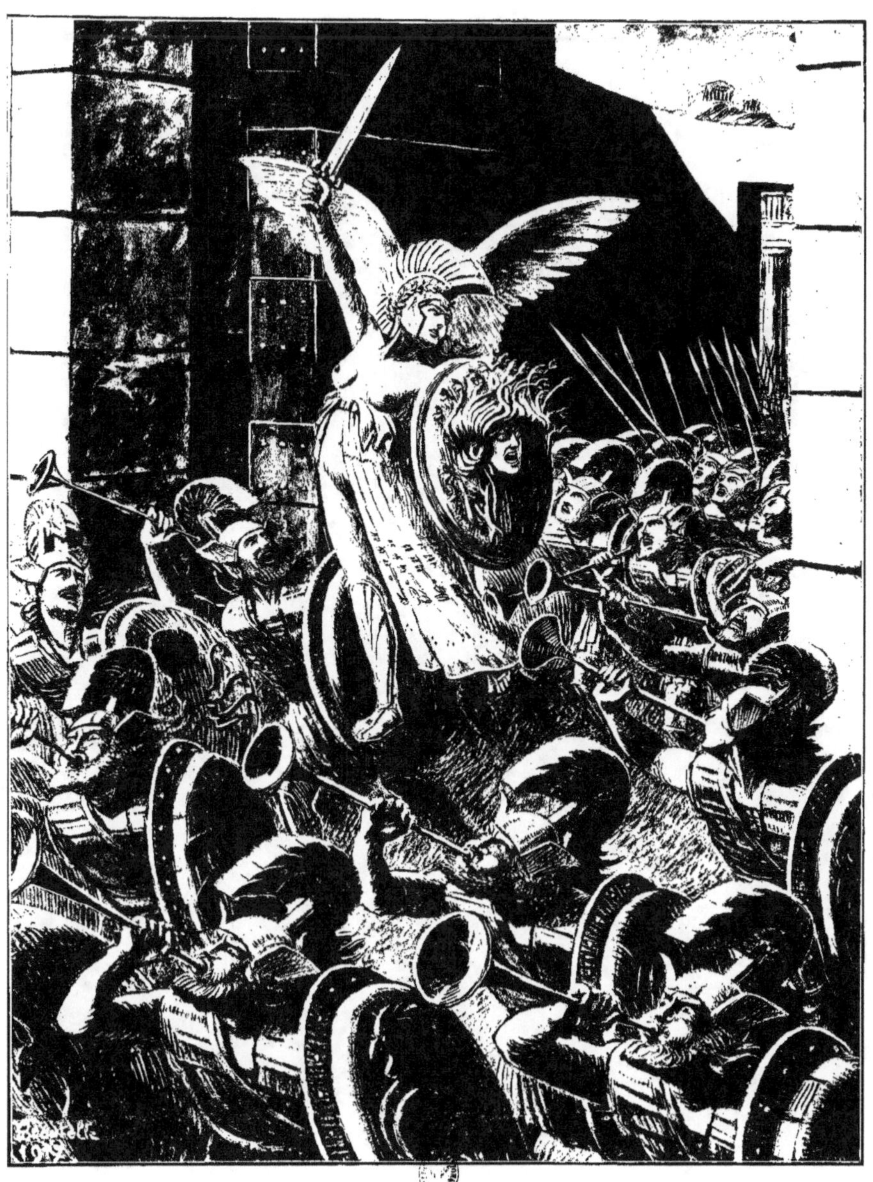

La Porte de la Victoire

Et la Victoire prompte et haletante encor
Marchait au milieu d'eux nue, en ses ailes d'or,
Et les guidait du geste calme de son glaive.
(H. DE RÉGNIER, Les Treize Portes de la Ville.)

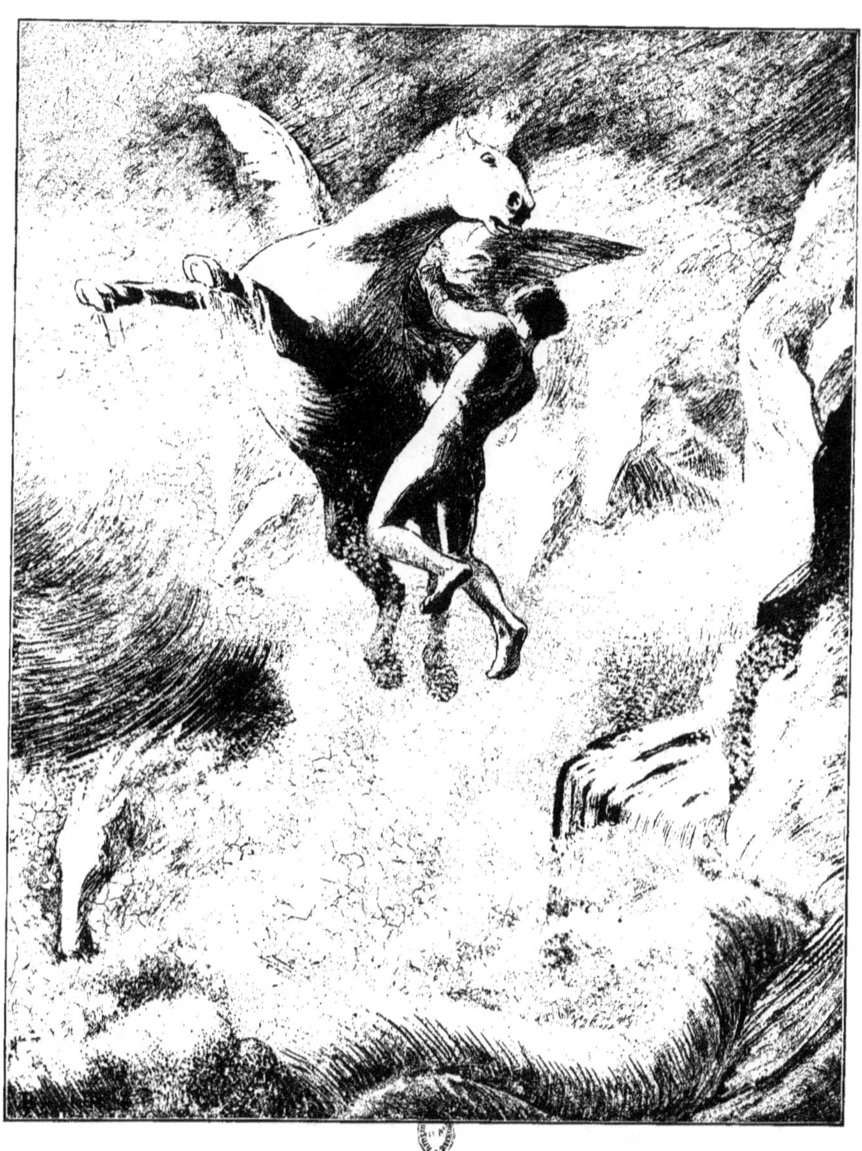

Les Chevaux de la Mer

... Que l'un d'eux hors de l'onde mouvante
Sorte, et soudain ouvrant ses ailes ruisselantes,
M'offre, pour que du poing je le saisisse aux crins,
L'écumeux cabrement du Pégase marin.

(Henri de Régnier, Les Médailles d'argile).

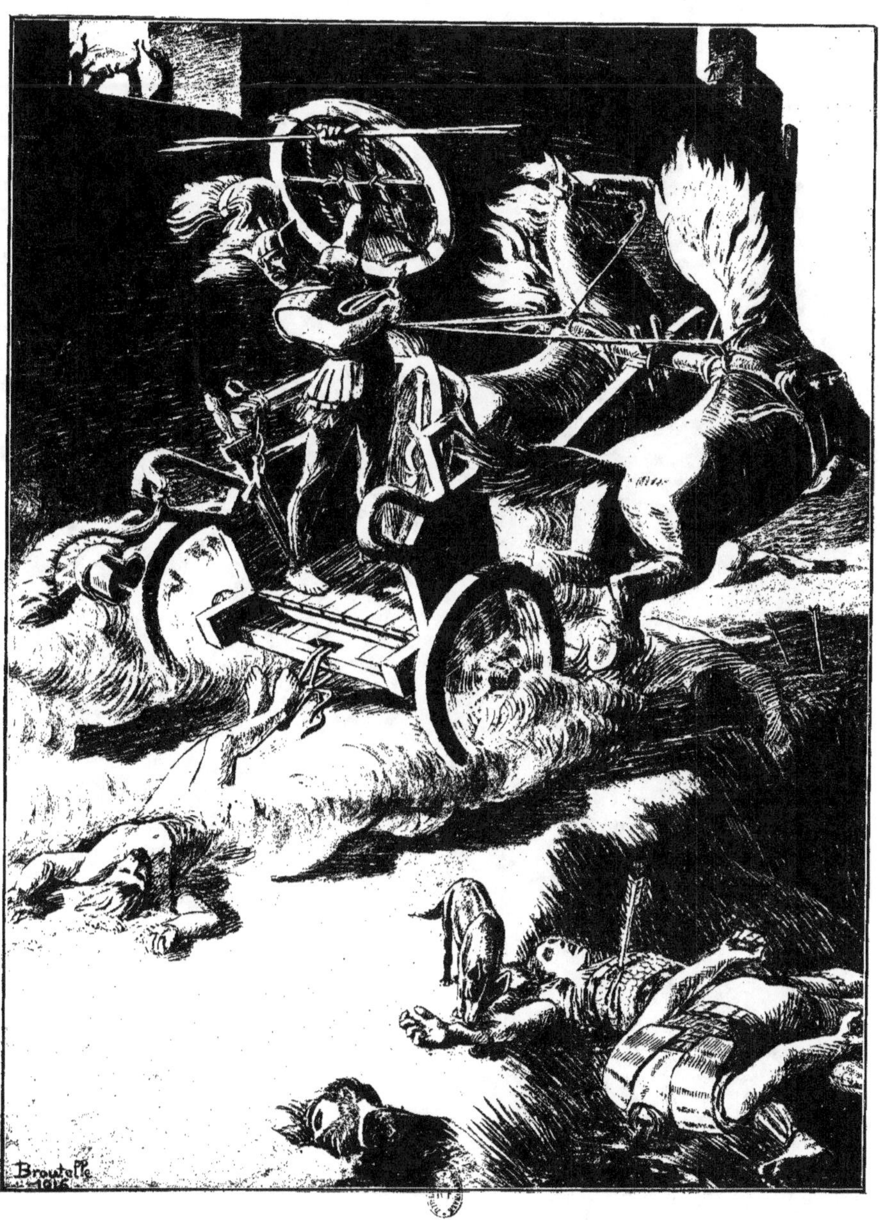

Le Triomphe d'Achille

L'attelage fougueux des étalons farouches
Qui trainent par les pieds et le sang à la bouche,
Victime lamentable et sans sépulcre encor,
Le cadavre saignant qui jadis fut Hector!

(H. DE RÉGNIER, Médailles Héroïques.)

[illegible]

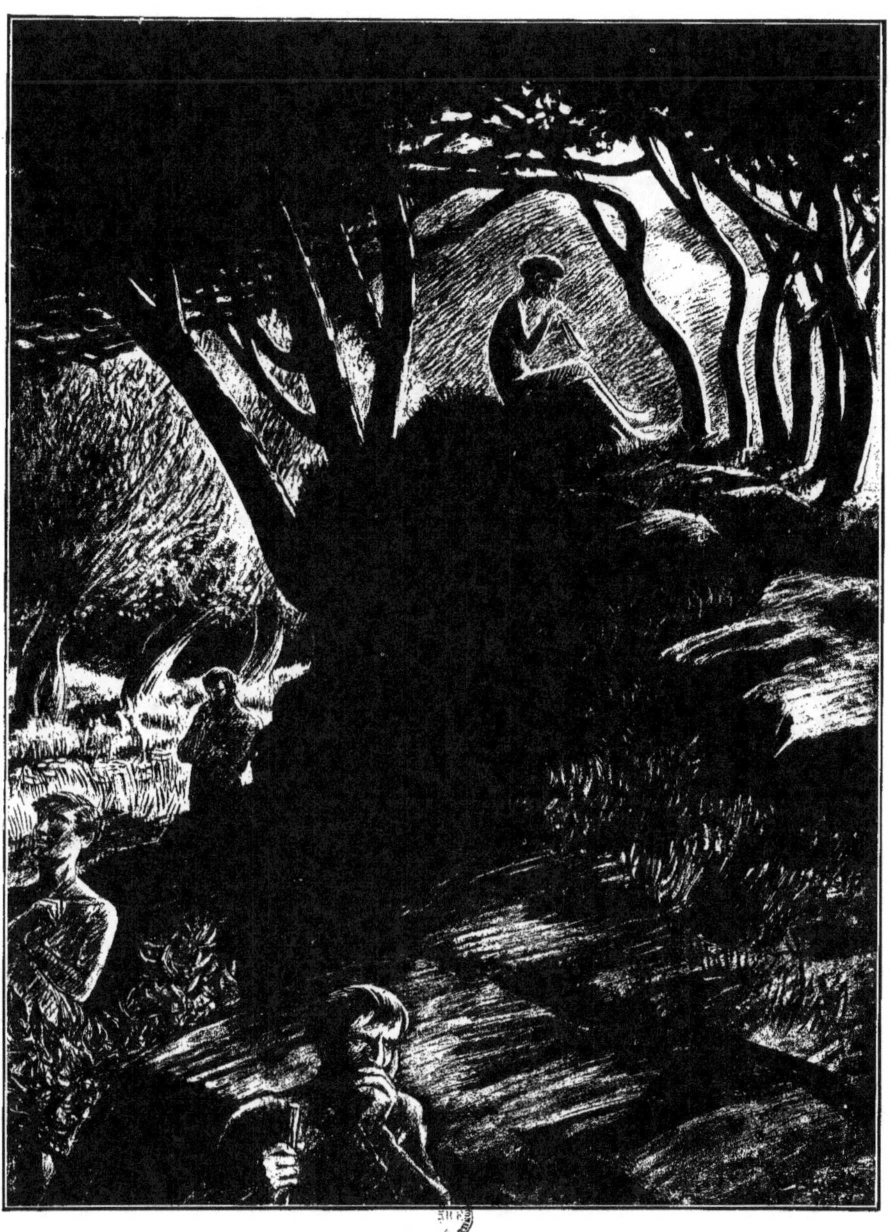

Le petit Roseau

Ceux qui passent l'ont entendu
Au fond du soir, en leurs pensées.
(H. DE RÉGNIER, La Corbeille des Heures.)

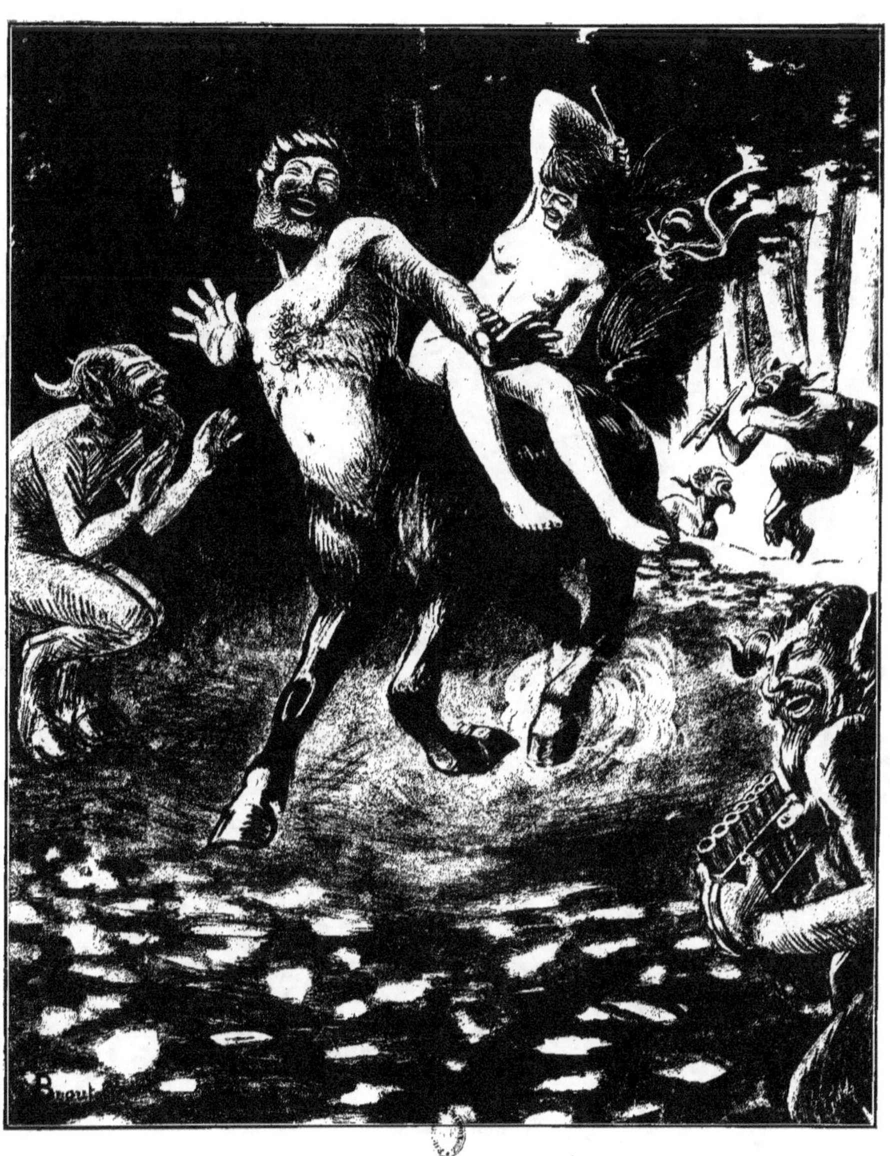

Le Centaure

La Ménade en riant a bondi sur mon dos.

(H. DE RÉGNIER, Médailles Héroïques.)

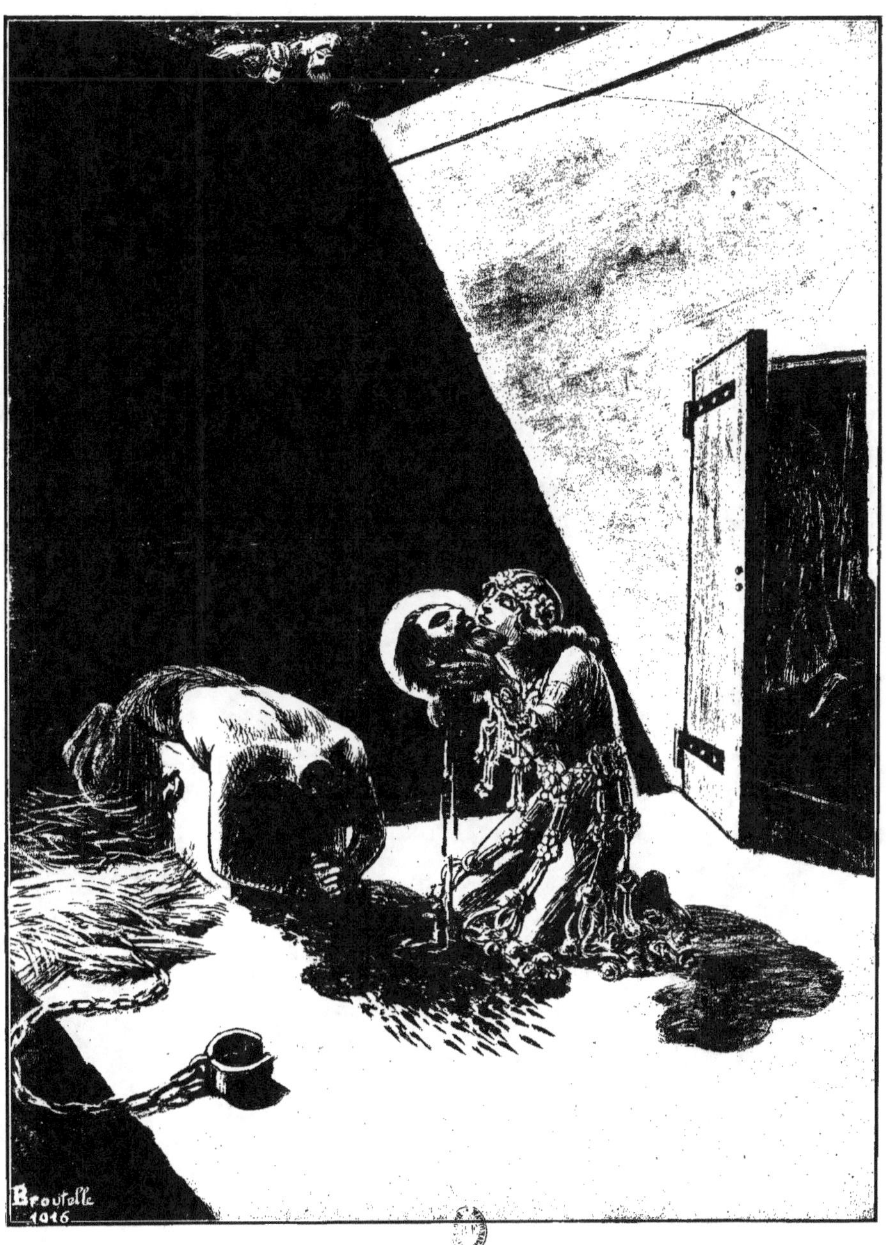

Salomé

La tête aux yeux fermés qui saignait en vos mains.
(H. DE RÉGNIER, Le Médaillier.)

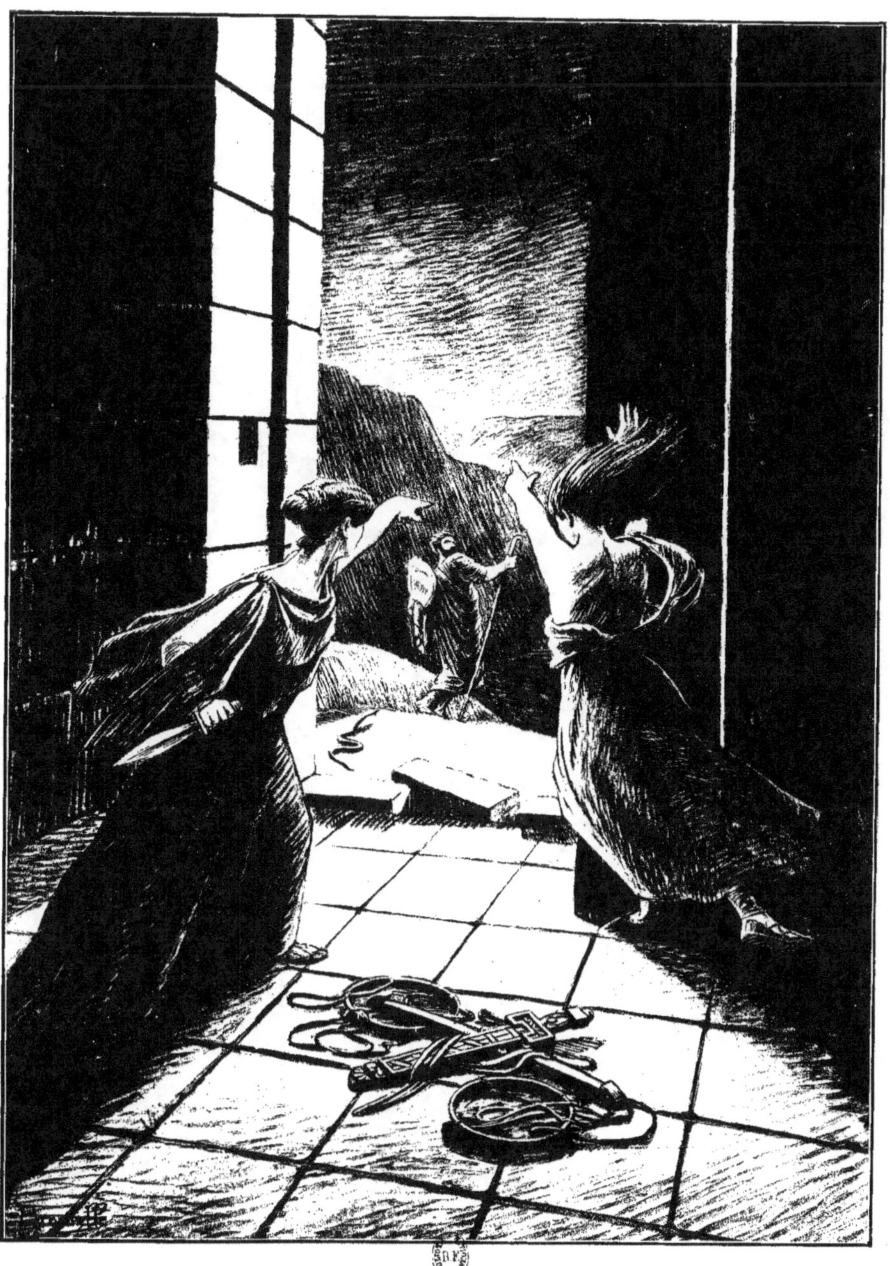

La Porte des Exilés